11,80

Sachiko Matsunaga

Ikebana
Tischgestecke

nach Chū-ō-bana

Frech-Verlag Stuttgart

Eine gute Idee:

Fotografieren Sie Ihre Gestecke!

Ein Ikebana-Gesteck aus frischen Schnittblumen hält leider nur eine kurze Zeit. Das ist schade bei der vielen Mühe. Warum aber fotografieren Sie Ihr Werk nicht? Am besten gleich nach der Fertigstellung.

Beim Fotografieren bitte beachten:
- Das Gesteck nicht zu dicht vor den Hintergrund stellen
- Schlagschatten werden durch indirekten Blitz vermieden.

Mit den Fotos können Sie sich ein schönes Album anlegen, das mit Hilfe aller Daten einen Überblick über Ihre Fortschritte bei Ikebana und beim Fotografieren gibt.
Aus gelungenen Aufnahmen können Sie sich auch persönliche Grußkarten herstellen, die überall Freude bereiten.

Bezugsquelle

Über die Autorin können Sie die verschiedenen Gefäße, Kenzane und sonstigen Hilfsmittel beziehen.
Die Postanschrift lautet:

Sachiko Matsunaga
Postfach 32 07 13
4000 Düsseldorf 30

Für eine gewerbliche Nutzung der gezeigten Arbeiten und Techniken ist die Genehmigung der Autorin erforderlich.

Fotos: Alle Aufnahmen von der Autorin.

Auflage: 8. 7. 6. 5. | Letzte Zahlen
Jahr: 1995 94 93 | maßgebend

ISBN 3-7724-1032-4 · Best.-Nr. 1032

frech-verlag
GmbH + Co. Druck KG Stuttgart
Druck: Frech, Stuttgart 31

Abbildung umseitig

Geneigte und runde Form kombiniert

Material: Solidago
Schneebeeren
Glattblatt-Aster
Gefäß: Bambuskörbchen

Dieser Korb ist ungefähr 16 cm hoch und wird normalerweise als Vase verwendet. Für das Tischgesteck wird der dazugehörige höhere Wasserbehälter gegen einen niedrigen ausgetauscht. Blumen und Zweige werden durch das Korbgeflecht gesteckt. Dadurch kommt der Korb als solcher noch zur Geltung.
Links und rechts sind die Zweige bewußt lang gehalten, damit das Gesteck auch zu einem quadratischen Tisch paßt.

Vorwort

Das *Ikebana* paßt sich immer dem vorgesehenen Aufstellungsplatz an. Da es in seiner langen Geschichte meist in eine Wandnische *(Tokonoma)* plaziert wurde, standen Formen und Stilrichtungen im Vordergrund, die auf die Betrachtung des Gestecks lediglich von einer Seite ausgerichtet sind.

Für Blumengestecke gibt es noch viele andere Plätze. In Europa, und ganz besonders in Deutschland, spielt die Wandnische eine untergeordnete Rolle. Auf Eß-, Couch- und Beistelltischen sollen Gestecke fast immer von allen Seiten betrachtet werden. Und dies ist hierzulande die gebräuchlichste Anwendungsform des *Ikebana*.

Chū-ō-bana, das Thema dieses Buches, sieht als Aufstellungsplatz die Mitte *(Chū-ō)* des Raumes vor. Bei diesem Stil sind die Gestecke von allen Seiten anzuschauen. Ich beschränke mich auf Tischgestecke, die Sie anhand des Fotos, Skizzen und Anleitungen ohne Probleme erlernen werden. Mein *Chū-ō-bana* beruht auf Theorie und Technik des *Ikebana*. Es ist dadurch gekennzeichnet, daß jedes Tischgesteck aus wenigen Materialien schnell und leicht zu gestalten ist, aber kostbar und festlich wirkt.

Tischgestecke sind immer dann unentbehrlich, wenn Sie Gäste bewirten, das heißt bei Feiern, Parties, Kaffeestündchen und anderen Einladungen. An einem solchen Tag sind Sie als Gastgeber mit den Vorbereitungen oft so belastet, daß Sie kaum Zeit für die Tischdekoration finden.

Dieses Buch soll Ihnen helfen, aus vorhandenen Materialien, wenn nötig, schnell ein schönes Tischgesteck zu gestalten. Sie werden darin immer Anregungen für das zum Anlaß passende Gesteck finden, anschaulich und verständlich dargestellt.

Sollte Ihr Tischgesteck die Aufmerksamkeit Ihrer Gäste gewinnen und zum Gesprächsthema werden, müßte Ihre Freude doppelt groß sein.

Hilfsmittel

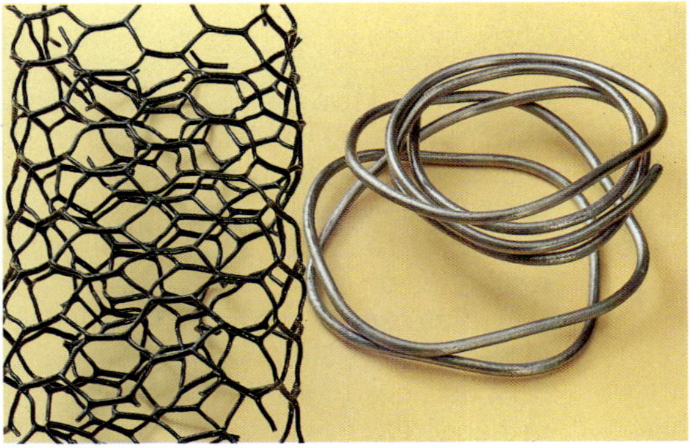

Kenzan

Eine Blei-Antimon-Platte mit eingegossenen Nadeln, die zur Befestigung der Pflanzen dienen.

Maschendraht und Bleispirale

Bei tiefen Gefäßen, z. B. Vasen, werden sie an der Gefäßöffnung eingehängt. Die Pflanzen stecken zwischen den Maschen.

Steck- und Knetmasse

Die Steckmasse ist ein meerschaumartig aufgelockerter Hartkunststoff, in den die Pflanzenstiele eingesteckt werden.
Es gibt zwei Sorten.
Die Steckmasse für Frischpflanzen nimmt viel Wasser auf und gibt dieses an die Pflanzen weiter.
Die Steckmasse für Trockenmaterialien ist nicht saugfähig, sie hält auch dicke Stiele fest und sie bröckelt nicht, was bei der anderen unvermeidbar ist.
Die Knetmasse hat ein ziemlich hohes Eigengewicht, eignet sich für Kleingefäße, Kerzenständer usw. und dient zur Befestigung von Trockenmaterialien.
Das Steckmaterial wird in die weiche Knetmasse gesteckt, die sich im Lauf der Zeit erhärtet und das Material festhält.

Hilfsmittel

Gefäße
Alle sind verwendbar.

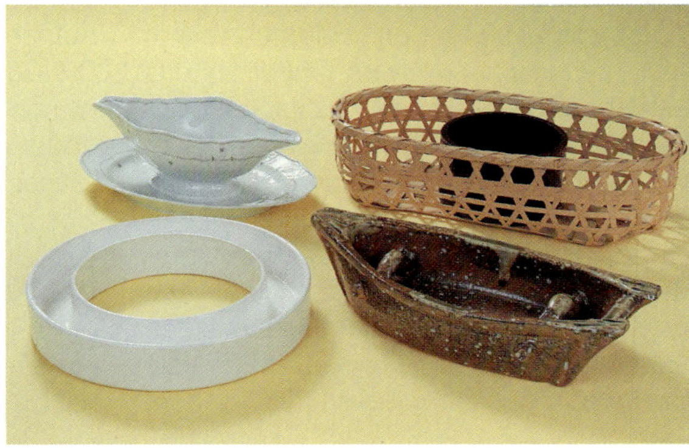

Drähte und Drahtzangen
Zur Verstärkung von Blumenstielen dienen Drähte. Sie sollten in verschiedenen Stärken verfügbar sein, da auch andere Gesteckteile wie Kerzen, Zapfen usw. damit befestigt werden. Deshalb ist die Drahtzange unentbehrlich.

Schere
Mit der *Ikebana*-Schere kann man sowohl feine weiche Blumenstiele, als auch große, harte Zweige schneiden.

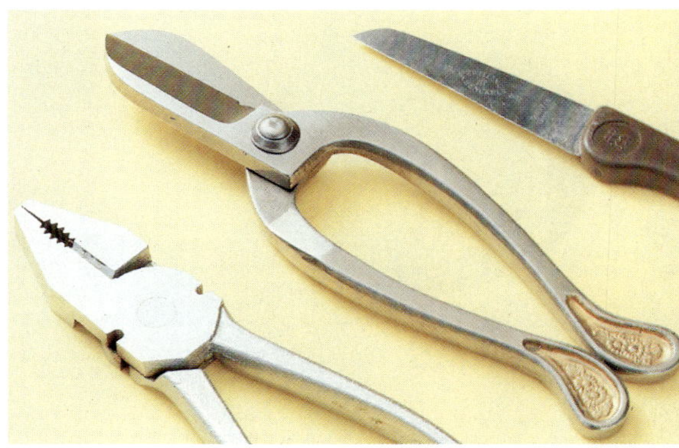

Messer
Zum Anspitzen von Zweigen oder zum Zuschneiden von Steckmasse wird ein scharfes Messer benötigt.

Floristenband
Draht an einen Blumenstiel anbinden oder mehrere Stiele zusammenbinden geschieht mit Floristenband.

Pinholder
Dient zur Befestigung der Steckmasse in Gefäßen mit großer Bodenfl. o. unebenem Boden. Mit doppelseitigem Klebeband muß ein zu leichter Kenzan oder Pinholder befestigt werden.

Arbeitstechniken

Anwendung der Steckmasse
Die Steckmasse für Schnittblumen wird in trockenem Zustand etwas größer als das Gefäß zugeschnitten. Dieser Zuschnitt wird dann in Wasser gelegt, solange, bis er untergegangen ist – ein Zeichen dafür, daß er sich mit Wasser vollgesaugt hat.
Die nasse Steckmasse nochmals entsprechend der Gefäßgröße zuschneiden und ins Gefäß legen. Die Steckmasse muß den Gefäßrand mindestens 1 cm überragen, sie darf das Gefäß nicht voll ausfüllen, sondern soll eine oder mehrere freie Stellen für die Aufnahme des Gießwassers haben.
Die überstehenden Teile der Steckmasse werden von der Mitte zum Gefäßrand hin abgerundet, damit später beim Gießen kein Wasser über den Rand läuft.

Das Anbringen von Bändern
Ein Band wird in mehrere Schlaufen gelegt, die alle an einer Stelle zusammengefaßt, mit Draht umwickelt und befestigt werden.

Das Anbringen von Kerzen

Bei Verwendung eines *Kenzans* wird das Kerzenende in warmem Wasser weich gemacht und dann auf den *Kenzan* gesteckt.

Wird Steckmasse verwendet, kann entweder ein Kerzenständer benutzt oder am Kerzenende Drahtfüße angebracht oder das Kerzenende angespitzt werden.

Herrichten von Pflanzen

Bei Pflanzen mit feinen, schwachen Stielen oder mit schweren Blüten werden die Stiele mit Draht verstärkt. Bei einem hohlen Stiel kann der Draht durchgeschoben werden, z. B. Anemone, Zinnie.
Einem feinen bzw. nachzubiegenden Stiel wird der Draht beigefügt und beide zusammen mit Floristenband umwickelt.

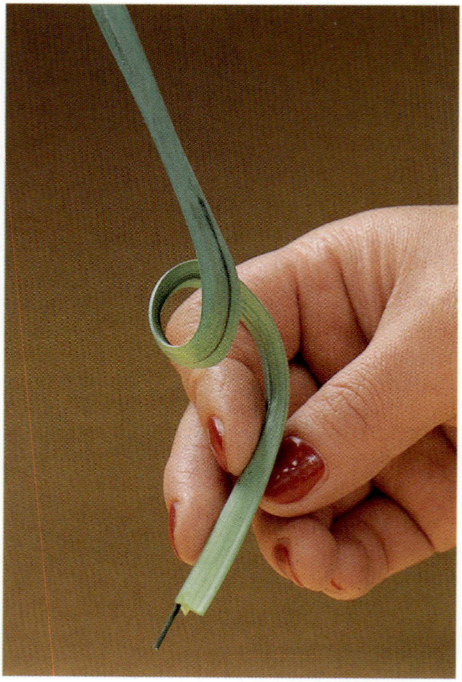

Durch ein Blatt (z. B. der Osterglocken) wird ein Draht durchgezogen, damit es dann beliebig geformt werden kann.

Kerzenwachs wird in den Blütenkelch getropft, um z. B. bei Rosen, Nelken und Astern einem zu weiten Aufblühen der Blüte vorzubeugen. Sind einige der Blütenblätter beschädigt, sollten sie kurzgeschnitten oder abgezupft und mit Kerzenwachs betropft werden.

Gestaltung des Gestecks

Ratschläge zur Auswahl des Materials

- Für Eßtischgestecke sind giftige Pflanzen unbedingt zu vermeiden.
- Starkriechende Pflanzen eignen sich ebensowenig.
- Pflanzen mit Blütenstaub sind ärgerlich. Bei Lilien z. B. ist der Blütenstaub vorher zu entfernen.
- Haltbare Pflanzen sind schnellwelkenden vorzuziehen.
- Pflanzen der Saison sollten bevorzugt werden.
- Denken Sie auch darüber nach, welche Materialien dem Anlaß besonders entsprechen.

Materialkombination

(vgl. mein Buch *„Ikebana – Schalengestecke nach Moribana"*, TOPP-Best.-Nr. 880, Seite 14, „Das Material")

Für ein Tischgesteck wird mehr Material benötigt, als z. B. für ein elementares *Moribana*-Arrangement des *Ikebana*. Das Tischgesteck soll von allen Seiten ansehenswert sein. Durch Mitverwendung von Grünpflanzen (z. B. Kiefer, Wacholder) und von Stauden (Buchs, Strandflieder = *Limonium*, Schneeheide = *Erica Textradix*) können nicht nur viele Blumen eingespart werden: der Ausdruck des Gestecks ist meist viel klarer.

Farbenharmonie

Ein Tischgesteck sollte in Einklang mit Tischdecke, Geschirr, Servietten, Kerzen usw. gebracht werden.

Form des Tischgestecks

Die Form wird nach folgenden Gesichtspunkten bestimmt:

- Form und Größe des Tisches;
- Natürliche Form der Blume;
- Form des Gefäßes;
- Menge der Materialien;
- Anordnung des Geschirrs.

Klassifizierung der Form

1. Aufrechte Form: symmetrisch oder asymmetrisch
2. Geneigte Form: symmetrisch oder asymmetrisch
3. Hängende Form
4. Parallele Form
5. Runde Form
6. Flache Form

Funktion der Linien

Bei *Ikebana* hat jede Linie ihre klar festgelegte Funktion. Auch bei *Chū-ō-bana*-Gestecken richten sich alle Linien nach bestimmten Längenregeln.
Das *Shin*, die längste Leitlinie, richtet sich nach der Gefäßgröße und Gesteckform. Alle anderen Linien richten sich nach dem *Shin*.

Bezeichnungen und Maße der Linien

○ *Shin:* Dafür sollte eine Blume gewählt werden, die von allen Seiten gut wirkt.

□ *Shōshin:* Es stellt den Mittelpunkt des Gestecks dar. Verwenden Sie deshalb eine Blume der jeweiligen Jahreszeit, mit auffallend schöner Farbe.

$\triangle_1$ *Dō-ichi*$_{(-1)}$: Es formt den unteren Teil des Gestecks und sollte Pflanzen mit breitem Blattgewächs wie Farn, Lebensbaum usw. vorbehalten sein.

$\triangle_2$ *Dō-ni*$_{(-2)}$: Es spielt die gleiche Rolle wie *Dō-ichi*$_{(-1)}$. Außer Blättern sollte es auch kurzgeschnittene Blüten enthalten, damit der untere Teil des Gestecks lebhafter wirkt.

▼ *Tome:* Es ist Fülle, die dem Gesteck zu einer harmonischen Einheit verhilft. Je nach Jahreszeit kommen Buchs, Liguster, Wacholder, Kiefer, Schleierkraut u. ä. in Frage.

●■▲ *Soe:* Sie ergänzen jeweils die obengenannten Linien.

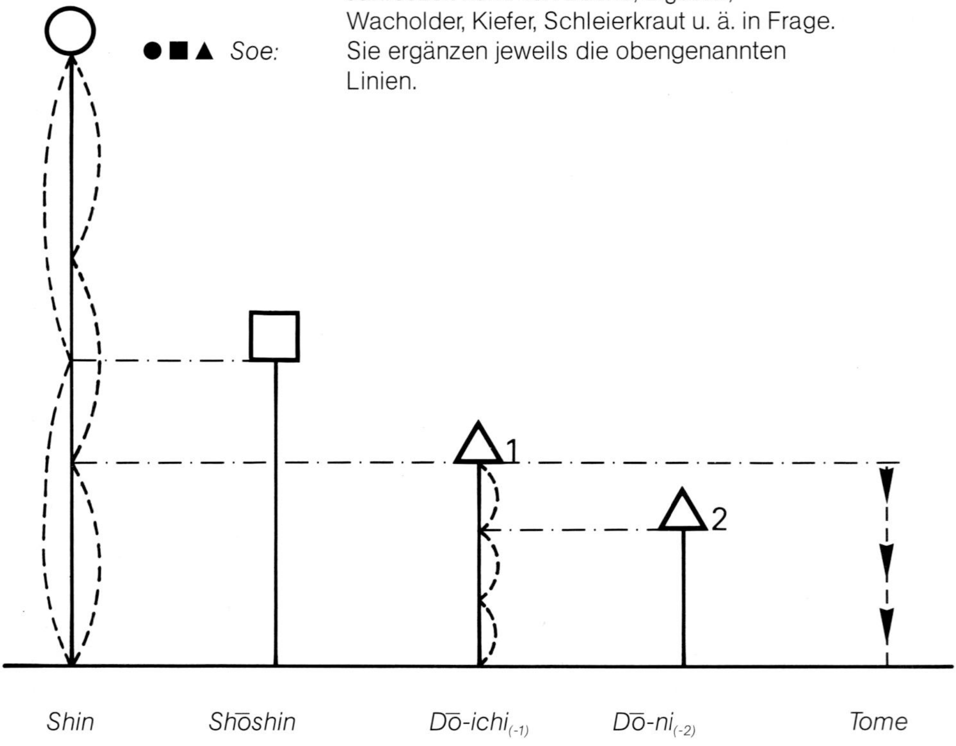

Die erste Übung

Aufrechte, symmetrische Form

Material: Tanne, Kiefernzapfen
Schwarz-Erle, Nelken
Gefäß: Flachschale Oasis Quick mit rundgeformter Steckmasse

1. Ein gerades, unverzweigtes Tannenreis als *Shin* nehmen, auf die zweifache Länge des Gefäßdurchmessers zurückschneiden und in den Mittelpunkt der Steckmasse einstecken.
2. Vier dünne Tannenzweige auf 1/3 der *Shin*-Länge schneiden und sie als *Dō-ichi*$_{(-1)}$ in vier Richtungen so flach stecken, daß sie den Gefäßrand berühren.
3. Zwischen *Dō-ichi*$_{(-1)}$ die vier roten Nelken als *Dō-ni*$_{(-2)}$ ebenfalls flach einstecken.
4. Mit Tanne die Steckmasse vollständig abdecken, wobei *Shin*, *Dō-ichi*$_{(-1)}$ und *Dō-ni*$_{(-2)}$ eine Pyramide bilden.
5. Vier Nelken auf 1/2 der *Shin*-Länge schneiden und als *Shōshin gegen die zwischen Dō-ni*$_{(-2)}$ arrangierten Nelken versetzt stecken.
6. In die Mitte des von *Shōshin* und *Dō-ni*$_{(-2)}$ gebildeten Dreiecks die Kiefernzapfen stecken. Anstelle der Kiefernzapfen können selbstverständlich auch Nelken gesteckt werden.
7. Kleine Materialien wie z. B. Erlenzapfen können an lichten Stellen noch zusätzlich gesteckt werden. Auch Kugeln statt Zapfen sind zu verwenden, wenn die Gesamtharmonie des Gestecks erhalten bleibt.

Zeichnerische Darstellung

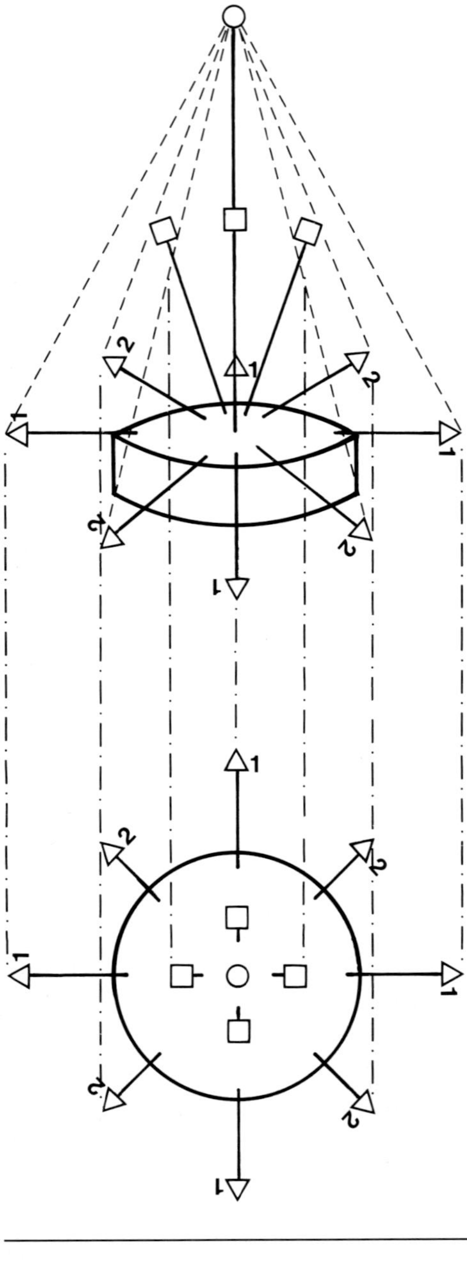

Aufrechte symmetrische Form

Shin = Gefäßdurchmesser x 1,5 bis 2. *Dō-ichi*$_{(-1)}$ wird je nach Gefäßform oder Materialmenge an drei oder vier Stellen gesetzt.

Arbeitsschritte:
Zuerst aus den Materialien das *Shin* auswählen, auf die entsprechende Länge zuschneiden und in der Gefäßmitte plazieren. Als *Dō-ichi*$_{(-1)}$ breitblättriges Material, z. B. Farn, auf 1/3 der *Shin*-Länge schneiden und flach, fast die Oberkante des Gefäßes berührend, stecken. *Dō-ni*$_{(-2)}$ zwischen den *Dō-ichi*$_{(-1)}$ ebenfalls so flach stecken. Zwischen *Shin*, *Dō-ichi*$_{(-1)}$ und *Dō-ni*$_{(-2)}$ gedachte Linien ziehen und innerhalb dieses fiktiven Dreiecks Füllmaterialien so anordnen, daß ein Pyramide entsteht. Zwischen *Shin* und *Dō-ni*$_{(-2)}$ das *Shōshin* stekken.

Aufrechte Form

Material: Mohn
Gefäß: Glasschale (Ichendorf)

Die neun Mohnblüten werden auf unterschiedliche Längen geschnitten und gesteckt. Unten wird das Gesteck mit Blättern garniert, die zur besseren Wasseraufnahme vorbehandelt sind. Mohn ist eine ungeeignete Schnittpflanze, da er sehr schlecht Wasser aufnimmt und deshalb schnell die Blüte hängen läßt. Wird die Schnittstelle jedoch vorher angebrannt, hält er den schönen Blütenkopf sehr lang aufrecht.

Zeichnerische Darstellung

Aufrechte, asymmetrische Form

Shin = Gefäßdurchmesser x 1,5 bis 2.

Arbeitsschritte:
Kenzan oder Steckmasse im Gefäß rechts der Mitte anordnen.
In den größeren freien Raum im Gefäß Stein, Wurzel, Moos usw. legen.
Zuerst *Shin* stecken.
Dann *Shōshin, Dō-ichi*$_{(-1)}$, *Dō-ni*$_{(-2)}$ so flach stecken, daß von oben gesehen ein ungleichseitiges Dreieck entsteht. Am Fuß Füllmaterialien stecken.

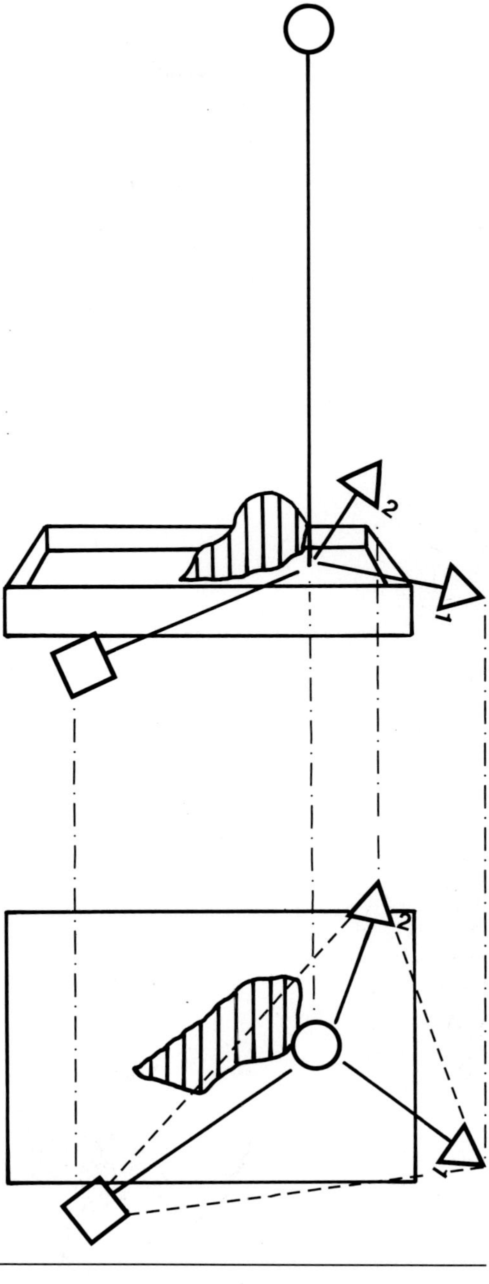

Material: Seebinsen (Scirpus)
Rosen
Gefäß: Schiffsförmige Schale

Die Seebinse paßt als Wasserpflanze zum kahnförmigen Gefäß. Mehrere Binsen werden zusammengebunden als *Shin* verwendet. *Shōshin, Dō-ichi*$_{(-1)}$ und *Dō-ni*$_{(-2)}$ werden aus gebrochenen Seebinsen in jeweils unterschiedlichen Mengen eingesetzt. Dazwischen sind drei Rosen als Fülle so gesteckt, daß sie von allen Seiten gut aussehen.
Die große, sichtbare Wasserfläche vermittelt den Eindruck von Kühle.

Die zweite Übung

Geneigte, symmetrische Form

Material: Moosröschen
Freesien
Farn
Schleierkraut
Gefäß: Länglicher Flachteller

Shin: Gefäßdurchmesser x 1 bis 2/3.

Arbeitsschritte:
1. Pinholder in der Mitte des Gefäßes plazie-

Zeichnerische Darstellung

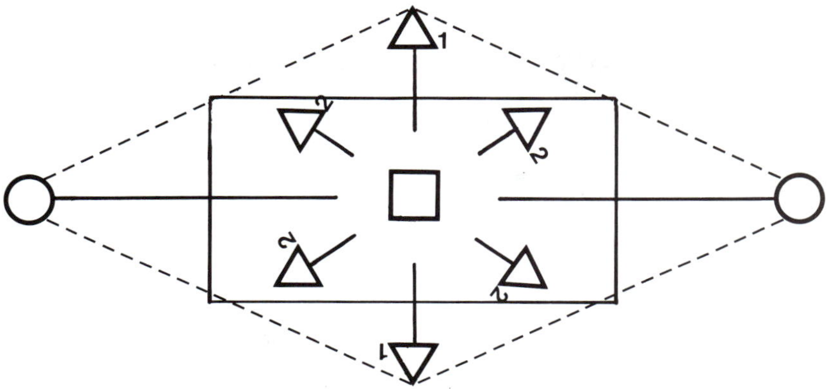

Geneigte, symmetrische Form

ren. Steckmasse, 6x6 cm, 2 cm höher als die Telleroberkante zuschneiden und auf den Pinholder stecken.

2. Zwei Farne auf 2/3 der Tellerbreite schneiden, rechts und links als *Shin* sehr flach stecken.

3. Moosröschen auf 1/2 Farnlänge schneiden und als *Shōshin* aufrecht in die Mitte stecken.

4. Zwei Farne auf 1/3 der ersten Farnlänge zuschneiden und im rechten Winkel zu den ersten Farnen als *Dō-ichi*$_{(-1)}$ flach stecken.

5. Die Steckmasse mit den restlichen kleinen Farnen als *Tome* abdecken.

6. Vier Moosröschen auf die Länge von *Shin* und *Dō-ichi*$_{(-1)}$ schneiden und als *Shin-soe* und *Dō-ichi*$_{(-1)}$*-soe* über den Farn flach einstecken. Vier Freesien auf 2/3 von *Dō-ichi*$_{(-1)}$ schneiden und in die Mitte des aus *Shin, Shōshin* und *Dō-ichi*$_{(-1)}$ gebildeten Dreiecks stecken.

7. Die restlichen Moosröschen und das Schleierkraut, überall verteilt einstecken.

Zeichnerische Darstellung

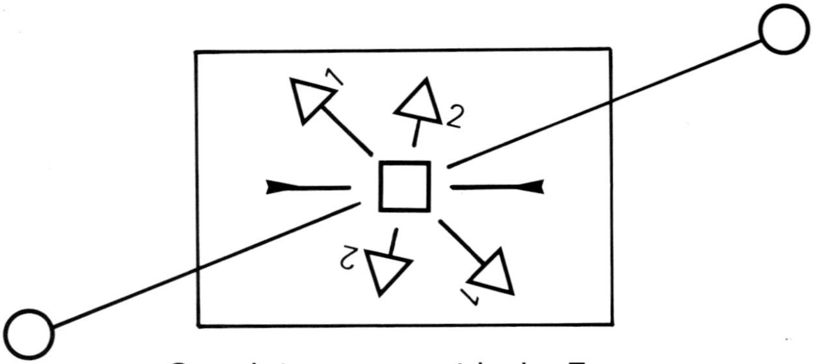

Geneigte, asymmetrische Form

Shin = Gefäßdurchmesser x 1 bis 1,5.

Arbeitsschritte:
Den vorderen und hinteren Teil getrennt stecken.
Zuerst den *Shin* flach stecken.
Als *Shōshin* ein von allen Seiten gutaussehendes Material wählen und in die Mitte des Gefäßes stecken.
Dō-ichi$_{(-1)}$ etwa rechtwinklig zu *Shin* und ebenfalls flach stecken.
Dō-ni$_{(-2)}$ in die Mitte des von *Shin, Shōshin* und *Dō-ichi*$_{(-1)}$ gebildeten Dreiecks stekken.
Die Schale um 180° drehen.
Das zweite *Shin* (es hat die gleiche Länge oder 1/3 bis 2/3 des ersten *Shin*) wird in die entgegengesetzte Richtung des ersten *Shin* gesteckt.
Auch zum zweiten *Shin* und *Dō-ichi*$_{(-1)}$ rechtwinklig und flach stecken.
Ebenso das *Dō-ni*$_{(-2)}$ in die Mitte des von *Shin, Shōshin* und *Dō-ichi*$_{(-1)}$ gebildeten Dreiecks stecken.

In die Lücken von beiden vorderen und hinteren Teilen *Tome* stecken und beide Teile zu einem Gesteck vollenden.

Abbildung rechts oben

Material: Osterglocken
Mahonien
Buchs
Gefäß: Suppentasse (Zeller Keramik)

Material: Weidenkätzchen
Kiefernzweige
Kamelien
Gefäß: Eiförmiges, japanisches Gefäß

Weidenkätzchen lassen sich sehr gut biegen. Schön sind die Blätter der Kamelie, deshalb werden sie – wie die Blüten – im Gesteck verwendet.
Je eine große Blüte wird vorn und hinten angeordnet, wobei die Kiefernzweige als *Tome* verwendet werden.
Anstelle der Kamelie könne auch andere Blumen, z. B. Tulpen verwendet werden.

Zeichnerische Darstellung

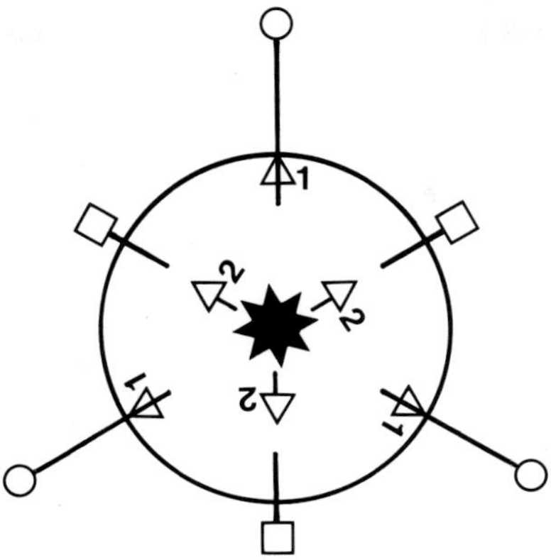

Hängende Form

Material: Freesien
Ranunkeln
Farn
Gefäß: Weinglas

Shin = Gefäßhöhe.

Auf den Farn werden die Freesien und Ranunkeln gesteckt. Eine Kerze in der Farbe der Ranunkeln läßt das Gesteck harmonisch wirken.

Arbeitsschritte:
In das Gefäß, ein langes zylindrisches Weinglas, Steckmasse füllen. Die Steckmasse soll mindestens 2 cm über den Gefäßrand ragen.
Die Kerze, sie hat die 1,5fache Länge der Gefäßhöhe, wird in die Mitte der Steckmasse eingesteckt.
Drei *Shin* auf die Länge der Gefäßhöhe zuschneiden und herunterhängend in die drei Richtungen stecken.
Zwischen die drei *Shin* das *Shōshin* ebenfalls herunterhängend stecken.
Dō-ichi$_{(-1)}$ über die *Shin* stecken. *Tome*, die Steckmasse abdeckend, anordnen.
Dō-ni$_{(-2)}$ mit *Dō-ichi*$_{(-1)}$ abwechselnd nach oben gerichtet stecken.

Ratschläge:
Bei Verwendung von Kerzen sollten die Materialien in den Gestecken flach und so weit wie möglich von den Kerzen weggesteckt werden. Die Kerzen können dann gut nach unten abbrennen. Bei hohen Gefäßen mit Steckmasse sind die Pflanzen nur im oberen Teil der Steckmasse angeordnet und nehmen nur schwerlich Wasser auf. Gießen Sie deshalb öfter Wasser nach.

Die dritte Übung

Hängende Form

Material: Dendrobium
Farn
Kerze, ca. 22 cm lang
Gefäß: Weißweinglas, ca. 16 cm hoch

Shin: Höhe des Gefäßes x 1.

Arbeitsschritte:

1. Steckmasse 2 cm höher als die Glasoberkante zuschneiden und in das Glas legen. An die Kerze Drahtfüße anbringen und in die Mitte der Steckmasse einstecken.
2. Drei Farne auf die Länge der Weinglashöhe zuschneiden und als *Shin* abfallend stecken.
3. Dendrobium auf 1/2 Farnlänge schneiden und zwischen den Farnen als *Shōshin* ebenfalls abfallend stecken.
4. Weißes Dendrobium (evtl. einen Stiel in drei Teile schneiden) auf 1/3 der Farnlänge zuschneiden und als *Dō-ichi*$_{(-1)}$ über den Farn stecken.
5. Die Steckmasse mit den übrigen Farnteilen als *Tome* abdecken.
6. Mit dem restlichen Dendrobium, das man auf 2/3 Länge des weißen Dendrobiums zuschneidet, drei *Dō-ni*$_{(-2)}$ fertigen und um die Kerze anordnen.

Zeichnerische Darstellung

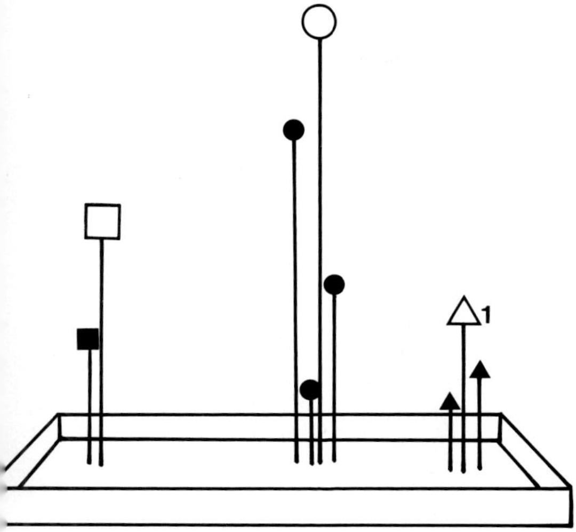

Parallele Form

Gefäß: Querformatige Flachschale

Shin = Gefäßbreite x 2/3 bis 1/3.

Arbeitsschritte:
Das Gefäß wird in drei ungleiche Sektoren aufgeteilt und getrennt von links nach rechts mit *Shōshin*, *Shin* und *Dō-ichi*$_{(-1)}$ besteckt.
Zur Ergänzung der drei Leitlinien werden diese vorn und hinten mit in der Höhe unterschiedlichen Blumen, *Soe* genannt, garniert. Damit die parallele Form zur Geltung kommt, wird am Fuß des Gestecks Deckmaterial angeordnet, z. B. Glaskugeln, Blätter, Moos usw.

Anmerkung:
Bei der parallelen Form sind *Shōshin* und *Dō-ichi*$_{(-1)}$ miteinander austauschbar.

Parallele Form

Material: Osterglocken
Moos
Gefäß: Rechteckige Platte
(Zeller Keramik)

Die Blüte der Osterglocke blickt immer in eine Richtung. Deshalb ist diese Blume für die parallele Gesteckform besonders geeignet.
Da ihr Stiel dick und weich ist, läßt sie sich besser auf den *Kenzan* als die Steckmasse stecken. Der *Kenzan* wird mit Moos abgedeckt, dadurch wirkt der Tisch mit diesem Gesteck wie ein frischer Frühlingsgarten.
Für Kinder wirkt dieses Gesteck noch interessanter, wenn auf das Moos noch Ostereier oder andere typische Osterdekorationen angeordnet werden.

Parallele Form

Material: Prunuszweige
Ranunkeln
Moos
Gefäß: Rechteckige, japanische Keramik

Prunuszweige tragen die Blüten in verschiedenen Richtungen und sind deshalb geeignet, als *Shin* in der Mitte angeordnet zu werden. Von den fünf Ranunkelblüten werden zwei als *Soe* zu *Shin* und drei als *Soe* zu *Shōshin*, jeweils mit Draht verstärkt, gesteckt.

Zeichnerische Darstellung

Runde Form

Material: Lotoskolben
Marienglockenblumen
Ranunkeln
Efeu
Gefäß: Schale (Fürstenberg)

Das *Shin* ist ein geschwungener Lotoskolben. Efeu wird richtungskorrigiert gesteckt und verleiht dem Gesteck die Bewegung. Da die Marienglockenblumen von *Shōshin* und die Ranunkeln von *Dō-ni*$_{(-2)}$ fast die gleiche Farbe haben, werden Lotoskolben dazwischen gesteckt. Die Gefahr der Eintönigkeit ist damit beseitigt.

Shin = Gefäßdurchmesser x 1/2 bis 1.

Arbeitsschritte:
In die Mitte des Gefäßes wird das *Shin* gesteckt.
Dō-ichi$_{(-1)}$ wird rundum am Gefäßrand gesteckt.
Shōshin, je nach Größe drei bis sechs Blüten, wird um *Shin* gesteckt.
Tome wird gesteckt und verbindet zwischen *Shōshin* und *Dō-ichi*$_{(-1)}$.
In das *Tome* werden *Dō-ni*$_{(-2)}$ dazwischen gesteckt und geben diesem Gesteck die Pointe.

Die vierte Übung

Runde Form

Material: Tulpen
Kenzan
Gefäß: Schale, ca. 20 cm ⌀
(Royal Copenhagen Porcelain)

Shin = Gefäßdurchmesser x 0,5 bis 1.

Arbeitsschritte:

1. Anstatt einen Strauß Tulpen einfach in eine Vase zu stellen, probieren Sie doch einmal etwas anderes.
2. Blüte und Blatt voneinander trennen, das Blatt auf die Länge des Gefäßdurchmessers zuschneiden. Es wird als Shin aufrecht in die Mitte des *Kenzans* gesteckt. Wirkt ein Blatt zu dürftig, dann zwei oder drei weitere dazu stecken.

3. Als *Dō-ichi*$_{(-1)}$ ebenfalls ein Blatt verwenden, das kurz sein muß. Dazu wird der Blattstengel abgeschnitten und mit Floristenband wieder an das Blatt gebunden. Das so präparierte Blatt läßt sich leichter auf den *Kenzan* stecken.

Als *Tome* werden weitere Blätter zum Verdecken des *Kenzan* angebracht.

4. Drei Blüten als *Shōshin* um das *Shin* stecken. Die restlichen Blüten als *Dō-ni*$_{(-2)}$ rundum einstecken. Werden die äußeren Blütenblätter geöffnet, wirkt das Gesteck lebhafter.

Zeichnerische Darstellung

Flache Form

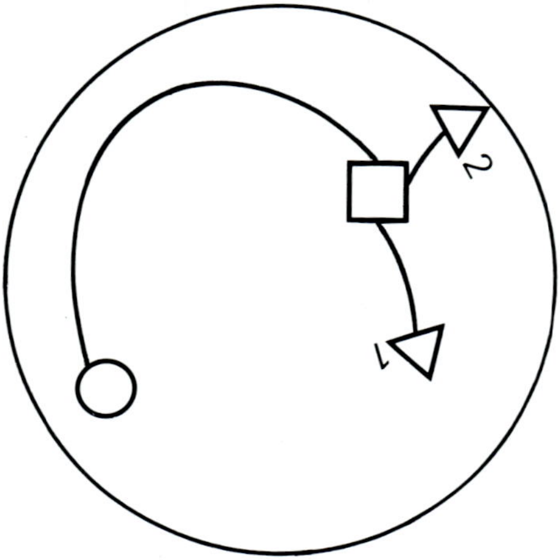

Shin = Gefäßdurchmesser x 2/3.

Arbeitsschritte:
Shin, entsprechend der Gefäßform, flach anordnen. *Shōshin* in die Mitte stecken, damit *Shōshin* nicht die Länge, sondern die Masse des Gesteckes darstellt.
Dō-ichi$_{(-1)}$ und *Dō-ni*$_{(-2)}$ ebenfalls flach stecken, so daß von oben gesehen, *Shin*, *Dō-ichi*$_{(-1)}$ und *Dō-ni*$_{(-2)}$ ein ungleichseitiges Dreieck bilden.
Bei dieser Gesteckform sollte das höchste Material den Gefäßrand nicht mehr als 10 cm überragen.

Flache Form

Abbildung links

Material: Clematis
Dahlie
Gefäß: Glasschale (Holme Gaard)

Eine weit geöffnete Blüte der Dahlie wird als „schwimmende Blume“ dargestellt. Ranken und Blätter der Clematis geben der schwerfälligen Dahlienblüte den gewissen Schwung und bringen Bewegung in das Gesteck. Die Glasschale paßt sehr gut zu Sommerblumen. Die Wasserfläche sollte genügend zu sehen sein, sie ruft das Gefühl der sommerlichen Kühle hervor.

Flache Form

Material: Rohrkolben
Rosen, Astern
Schleierkraut
Runkie (Hosta sieboldiana)
Gefäß: Ringförmiges Keramikgefäß

Ein Sommergesteck mit einer größeren Wasserfläche wirkt auf den Betrachter erfrischend, kühlend. Die flache Form des Gefäßes und die Höhe der Leitpflanze unter 10 cm ermöglicht den Gesprächspartnern einen ungestörten Blickkontakt. Als Tischschmuck sind diese Arten von Gestecken sehr zu empfehlen.

Kommunion *(Abbildung links)*

Runde Form

Material: Gerbera
Margeriten
Mininelken
Buchs, Efeu
Gefäß: Glasschale (Holme Gaard)

Für dieses Gesteck wurde dieselbe Schale – auf den Kopf gestellt – wie im Bild oben, verwendet. In der Mitte wird die Kerze gestellt, umgeben von den anderen Materialien, die in vier Gruppen geteilt und gesteckt werden. Die übriggebliebenen Materialien mit Draht zusammengebunden dienen als Tischschmuck.

Konfirmation

Runde Form

Material: Gerbera
Margeriten
Mininelken
Efeu
Gefäß: Glasschale (Holme Gaard)

Die Glasschale wird bewußt dicht und voll gefüllt. Da Gerbera und Margeriten fast die gleiche Form und Farbe haben, wirkt die Materialfülle nicht störend.

Anleitung für die runde Form auf Seite 29.

Ostern

Hängende Form

Material: Osterglocken
Mahonien
Buchs
Gefäß: Eierbecher (Holme Gaard)

Diese Eierbecher aus Kristall gibt es in zwei Größen. Der hohe Eierbecher wurde als Gefäß für dieses Oster-Tischgesteck verwendet. Als Steckmaterial finden Osterglocken, Mahonie und etwas Buchs ihre Verwendung. Trotz des geringen Materialbedarfs verbreitet dieses Gesteck mit Kerze eine festliche Atmosphäre.

Anleitung für die hängende Form auf S. 23.

Muttertag

Geneigte, symmetrische Form

Material: Rosen
Wolfsmilch
Cotoneaster
Gefäß: Beilage (Rosenthal, Classic Rose)

Cotoneaster ist ein sehr biegsames Material. Wird *Shōshin* in das Zentrum einer Kreisform gesteckt, wirkt das Gesteck, als ob es ein Blumenkorb wäre. Die gelbe Wolfsmilch gibt dem Gesteck den besonderen Akzent. Ein solches Gesteck als „Dankeschön" zum Muttertag?

Anleitung für die geneigte symmetrische Form auf Seite 19.

Pfingsten

Aufrechte, asymmetrische Form

Material: Pfingstrosen, Ixia, Schleierkraut
Gefäß: Glasschale (Holme Gaard)

Dieses Gesteck ist für den Tagestisch.
Als *Shin* ist Ixia durch die schöne, klare Linie des Stengels besonders geeignet.
Die Pfingstrosen sind auf unterschiedliche Längen geschnitten und so verteilt gesteckt, daß sie von allen Seiten gleich gut zur Geltung kommen. Schleierkraut wird harmonisch zwischen Ixia und Pfingstrosen gesteckt, es wirkt wie Wasserspritzer. Die Glasschale unterstützt noch die Ausstrahlung der frühsommerlichen Blumen.

Festtafel

Geneigte, symmetrische Form

Material: Ranunkeln, Frauenmantel, Buchs
Gefäß: Sauciere (Hutschenreuther)

Für das Dinner ein ruhiges, aber festlich wirkendes Gesteck. Farblich passende Blumen zu Geschirr und Tischwäsche.
Sofern die Sauciere dem betreffenden Speiseplan nach nicht benötigt wird, ist sie mit ihrer symmetrischen Form als Gefäß für ein Tischgesteck gut zu verwenden.

Anleitung für die geneigte, symmetrische Form auf Seite 19.

Hochzeit

Geneigte, asymmetrische Form

Material: Dendrobium nobile,
Rosen, Schleierkraut,
Farn, Cyrtomium
Gefäß: Glasscheibe, 100 x 20 cm

Das sonst übliche Gefäß ist bei diesem Gesteck durch eine Glasscheibe ersetzt. Die mit Wasser vollgesaugte Steckmasse wird in Aluminiumfolie eingewickelt und mit Pinholdern auf der Glasscheibe befestigt. Die Blumen des Mittelgestecks sind in asymmetrischer, geneigter Form angeordnet. Die beiden flankierenden Gestecke wurden absichtlich nach Arten getrennt. Eine Seite nur mit Rosen, die andere nur mit Dendrobium. Die Asymmetrie des Mittelgestecks wird dadurch noch verstärkt.

Erntedankfest

Flache Form

Material: Obst, Nüsse und Astern
Gefäß: Längliches Keramikgefäß

Einen Obstkorb oder eine Obstschale verwende ich gern als Gefäß für Blumenarrangements. Warum also nicht einmal ein Blumengefäß als Obstschale? Bei der Anordnung der Früchte habe ich mich an die Richtlinien für Blumengestecke gehalten.
In das Keramikgefäß, einem Blumenkasten ähnlich, habe ich ein kleineres gestellt. Das kleinere Gefäß zuvor mit Wasser gefüllt, erst dann ein paar Astern so gesteckt, daß sie im Einklang mit dem Obst stehen.
Die Blumen sind außerhalb der Mitte angeordnet.

Anleitung für die flache Form auf Seite 32.

Kinderfest

Aufrechte Form

Material: Nelken, Farn
Gefäß: Marmeladenglas

Bei einem Kinderfest oder einem Kindergeburtstag wird der meiste Platz auf dem Tisch für Kuchen o. ä. beansprucht. Trotzdem sollten Blumen nicht fehlen. Anstatt extra Tischkarten aufzustellen, können die Namen der kleinen Gäste auf Marmeladengläser aufgeklebt werden. In die Gläser werden kleine Sträußchen gesteckt. Als Steckmaterial eignen sich Nelken oder Astern, sie sind haltbar und in verschiedenen Farben erhältlich. Zum Abschied dürfen die Kinder ihr Sträußchen mit nach Hause nehmen.

Aufrechte Form, Anleitung auf Seite 14.

Gemütlicher Nachmittag

Aufrechte, asymmetrische Form

Abbildung auf Seite 43.

Material: Erika
Moosröschen
Kerze
Gefäß: Ringförmiges Keramikgefäß

Die Kerze wird als *Shin* gesteckt. Erika und Rosen werden so angeordnet, daß sie ein ungleichseitiges Dreieck bilden. Werden nur wenige Pflanzen gesteckt, wird mit Moos ergänzt. Eine Stelle im Gefäß von Moos freilassen, damit die Ringform besser zur Geltung kommt. Auch das Wasser läßt sich dadurch leichter nachgießen.

Kerzen-Duo

Aufrechte, asymmetrische Form

Abbildung auf Seite 45.

Material: Tannenzweige
Glaskugeln
Kordel, Pilze, Zapfen, Kerzen
Gefäß: Korkplatte

Um die Kerzen in unterschiedliche Höhen zu bringen, wird eine Kerze in die Steckmasse gesteckt, die andere auf die Korkplatte gestellt.
Die Kordel wurde als einziges farbiges Material für das Gesteck verwendet, weil die Glaskugeln bei brennenden Kerzen für genügend Reflexionen sorgen.

Dauergesteck

Aufrechte, asymmetrische Form

Abbildung auf Seite 44.

Material: Trockenblumen
Gefäß: Metallteller

Die spezielle Steckmasse für Trockenblumen wird mit dem Pinholder befestigt. Das Pflanzenmaterial, das während des Sommers gesammelt und getrocknet wurde, findet in diesem Dauergesteck eine sinnvolle Verwendung. Das Gesteck, das auf einem Seitentisch oder einer Anrichte seinen Platz findet, sollte in seiner Gestaltung auf das Mobiliar und die Vorhänge abgestimmt sein.

Kaffeestunde im Advent

Hängende Form

Abbildung auf der Umschlag-Rückseite.

Material: Wacholderzweige
Mimosen
Christrosen
Kerze
Gefäß: Weinglas

Wacholder ist sehr biegsam. Als *Tome* sind bei diesem Gesteck Wacholder und Mimose eingesetzt. Von den sechs Christrosen sind drei nach unten geneigt und die restlichen um die Kerze angeordnet.
Restliche Blumen lassen sich auch in Form von Serviettenringen sinnvoll verwenden.

Adventskranz

Flache Form

Material: Kerzen
Tannenzweige
Tannen- und Lärchenzapfen
Kugeln
Schmuckband
Gefäß: Strohkranz (Römer)

Als Steckgrund für diesen Tischschmuck dient ein Strohrömer. Da der Strohkranz von sich aus rustikal-dekorativ wirkt, wird er nur zu einem Drittel mit Tannenzweigen besteckt. Wird der restliche Teil mit einem Band umwickelt, wirkt der Kranz noch lebhafter.

In einen Adventskranz nach *Ikebana*-Art werden die vier Kerzen auf drei Punkte verteilt eingesteckt. Die Kerzen werden zuvor mit Drahtfüßen versehen. Drei Kerzen werden in den tannenbesteckten Teil, die vierte Kerze – mit einer Schleife verziert – gegenüber eingesteckt. Von oben betrachtet sollen die drei Steckpunkte der Kerzen ein ungleichseitiges Dreieck bilden. Die Kerzen sollen in Länge und Stärke unterschiedlich sein. Der tannenbesteckte Teil wird mit Zapfen und Kugeln geschmückt. Am ersten Advent wird die längste Kerze angezündet.

Weihnachten

Runde Form

Material: Alpenveilchen
Eukalyptus
Tannenzweige
Gefäß: Flachteller (Hutschenreuther)

Das Alpenveilchen bietet von allen Seiten einen hübschen Anblick. Im Gesteck wirkt es natürlich, wenn es – wie im Topf gewachsen – möglichst hoch gesteckt wird. Tannenzweige, mit Gold oder Silber besprüht, lassen das Gesteck wertvoller erscheinen. Die Blätter des Alpenveilchens werden in verschiedenen Richtungen gesteckt, sie bringen Bewegung in das Gesteck.

Silvester

Aufrechte Form (Variation)

Material: Cymbridium
Tannenzweige
Pfauenfedern
Kerzen
Kugeln
Gefäß: Glasgefäß (Ichendorf)

Die Kerzen werden als *Shin*, Pfauenfedern als *Dō-ichi*$_{(-1)}$ und Cymbridium als *Dō-ni*$_{(-2)}$ angeordnet. Dazwischen sind Tannenzweige und Kugeln gesteckt. Das Gesteck wirkt noch festlicher, wenn es etwas erhöht plaziert wird.
Abbildung auf Seite 48.